Jeschke, Tanja/Waldmann-Brun, Sabine:
Das Wunder von Betlehem
ISBN 978 3 522 30287 6

Für Leah (TJ)
Für die Kinder von Talitha Kumi (SWB)

Text: Tanja Jeschke
Illustrationen: Sabine Waldmann-Brun
Einbandtypografie: Michael Kimmerle, Stuttgart
Schrift: Frutiger Condensed
Reproduktion: Photolitho AG, Gossau/Zürich
Druck und Bindung: Himmer AG, Augsburg

5 4 3 2 1° 12 13 14 15

Tanja Jeschke Sabine Waldmann-Brun

Das Wunder von Betlehem

Gabriel

Maria saß auf dem Boden und knetete Teig. Plötzlich hörte sie ein Geräusch und es wurde ganz hell. Da stand ein prächtiger Engel vor ihr. Maria erschrak. Doch der Engel sagte zu ihr: »Hab keine Angst, Maria! Gott freut sich über dich! Bald wirst du einen Sohn zur Welt bringen. Jesus soll er heißen.«

»Aber Engel!«, rief Maria ganz überrascht. »Josef ist doch noch gar nicht mein Mann! Wie soll ich da ein Kind bekommen?«

»Jesus wird der Sohn Gottes sein«, antwortete der Engel.

Da sagte Maria: »Ja, ich bin bereit. Alles soll so geschehen, wie du es gesagt hast.«

Und der Engel verschwand.

Einige Monate später hatte Kaiser Augustus, der über das Land herrschte, eine Idee: Er wollte alle Menschen zählen lassen. Dazu musste jede Familie in die Stadt reisen, aus der der Vater stammte.
Überall wurden Esel und Maultiere beladen mit Gepäck, Essen und kleinen Kindern. Überall gingen die Menschen auf Wanderschaft. Die Straßen waren überfüllt. Den Kindern machte die Reise Spaß, aber die Erwachsenen fanden es ziemlich anstrengend.

Auch Josef und Maria waren unterwegs. Sie hatten die Stadt Nazaret verlassen, in der sie lebten. Betlehem war ihr Ziel. Von dort kam Josefs Familie.
Maria saß auf dem Esel, denn sie war schwanger und konnte nicht mehr so weit zu Fuß gehen.
»Hast du's bequem?«, fragte Josef. Er machte sich Sorgen um sie. Was, wenn das Kind unterwegs geboren würde? Ob Maria überhaupt die Kraft für diese Reise hatte? Josef ärgerte sich über Kaiser Augustus' Idee. Aber leider musste man dem Kaiser immer gehorchen.
»Nur zu«, sagte Maria, »Gott ist mit uns.«

Als sie endlich Betlehem erreicht hatten, kam die Zeit der Geburt. Josef zog den müden Esel zu einem Gasthaus und fragte nach einem Zimmer. »Alles belegt!«, brummte der Wirt und knallte die Tür zu.
Beim nächsten Gasthaus stellte Josef gleich einen Fuß in die Tür: »Wirt, wir brauchen dringend ein Zimmer!«, sagte er. »Meine Frau bekommt ein Kind.«
»Was kann ich dafür? Hab kein Zimmer frei«, war die Antwort. Es wurde schon dunkel. Ein kalter Wind fegte um die Ecken. Maria hatte Schmerzen.
Da stand das letzte Gasthaus der Stadt am Rande der Felder. Ob sie jetzt Glück hatten und ein Zimmer bekamen? Es war doch höchste Zeit!

Aber nein, die Wirtin schüttelte den Kopf. Als sie jedoch die erschöpfte Maria sah, fiel ihr etwas ein. »Dort drüben ist unser Stall mit Stroh und Vieh«, sagte sie. »Da habt ihr's wenigstens warm.«

In diesem Stall wurde Jesus noch in derselben Nacht geboren. Ein Ochse stand dabei und der Esel, und sie machten große Augen, als sie das Kind sahen.

Maria wickelte Jesus in Windeln. Josef holte die Futterkrippe des Ochsen herbei und legte sie mit Stroh aus: Das war das Bett für das Kind.
»Geht es dir gut?«, fragte Josef seine Maria. Er war immer noch etwas besorgt.
»Ja«, antwortete Maria, »denn Jesus ist geboren!«
Da war Josef ganz beruhigt.

Weit draußen auf den Feldern lagerten Hirten mit ihrer Schafherde. Auch ein paar Kinder waren dabei.
Es war eine kalte Nacht und sie saßen alle dicht beieinander unter einem Baum.

Mit wachen Augen schauten sie treu nach den Schafen. Und auf einmal erblickte eins der Kinder ganz in der Ferne über Betlehem einen strahlenden Lichtschein. So etwas hatten sie noch nie zuvor gesehen.

Da geschah plötzlich ein Wunder: Der Engel Gottes kam zu ihnen. Er leuchtete klar und herrlich und die Hirten fürchteten sich sehr.
Aber der Engel sagte zu ihnen: »Habt keine Angst! Hört, was ich euch zu erzählen habe: Ihr könnt euch freuen mit allen Menschen auf der ganzen Welt. Jesus ist heute geboren, der Retter der Welt! Er ist ein Kind in Windeln und liegt in einer Futterkrippe!«
In diesem Augenblick wurde der Engel umringt von einer großen Schar von Engeln. Alle lobten sie Gott und sangen ihm zur Ehre und beglückwünschten die Menschen zur Geburt ihres Heilands Jesus.

Kaum waren die Engel wieder in den Himmel zurückgekehrt, riefen die Hirten wild durcheinander: »Das möchte ich sehen, das Kind! – Diese Geschichte kommt von Gott! – Schnell, lasst uns nach Betlehem gehen und alles mit eigenen Augen sehen!«

Eilig liefen sie zur Stadt und fanden den Stall.

Und da – tatsächlich! – lag das Neugeborene in der Krippe.

Noch ganz außer Atem sagte der älteste Hirte: »Wir möchten Jesus anschauen!«

»Kommt ruhig näher«, sagte Maria leise. Und so drängten sie sich dicht um die Futterkrippe und schauten still auf das Kind. Und sie staunten.

Während all dies in Betlehem geschah, ritten drei weise Männer auf ihren Kamelen über Berge, durch Täler und Wüsten. Sie folgten einem besonders großen Stern, der ihnen am Himmel vorauszog. Die drei waren königliche Berater aus dem fernen Morgenland. Schon dort hatten sie den Stern entdeckt. Und weil sie viel gelesen hatten über die Bedeutung von Sternen, wussten sie: Dieser Stern erzählt von einem neugeborenen König.

Schließlich kamen sie zu König Herodes in den Palast. »Wo ist der neue König?«, fragten sie. »Wir wollen ihn anbeten, denn er ist viel, viel mächtiger als alle Könige auf der Welt.«

Als Herodes das hörte, wurde er sehr unruhig. Niemand sollte mächtiger sein als er selbst. Die Weisen sahen ihm an, dass er böse Pläne schmiedete. Und sie beschlossen, ihm nichts zu sagen, wenn sie das Kind gefunden hatten.

Die Weisen ritten weiter, bis der Stern auf einmal über dem Stall stehen blieb. Voller Freude stiegen sie von ihren Kamelen.
Als sie Jesus sahen, öffneten sie ihre Beutel mit Gold, Weihrauch und Myrrhe und beteten ihn an.

Jetzt wurde es eng im Stall, alle waren sie versammelt: Josef und Maria mit Jesus, die Hirten und die Weisen aus dem Morgenland.
Und das Kind? Das lächelte!
›Er ist gern zu uns auf die Welt gekommen‹, dachte Maria im Stillen.

Einige Zeit später flohen Josef und Maria mit Jesus nach Ägypten, denn Herodes war auf der Suche nach jenem König, von dem die Weisen gesprochen hatten. Sie blieben dort, bis Jesus schon ein bisschen größer war.

Dann sagte Josef: »Lasst uns wieder zurückkehren nach Hause. Die Gefahr ist vorüber.«
Maria war einverstanden. Und so packten sie ihre Sachen. Dann hob Maria das Kind hoch und setzte es auf den Esel. Gemeinsam machten sie sich auf den weiten Weg nach Hause.